HENRIETTE RENAN

SOUVENIR POUR CEUX QUI L'ONT CONNUE

IL A ÉTÉ TIRÉ DE CET OUVRAGE

Trois cent cinquante exemplaires numérotés à la presse sur papier vélin de Hollande à la forme.

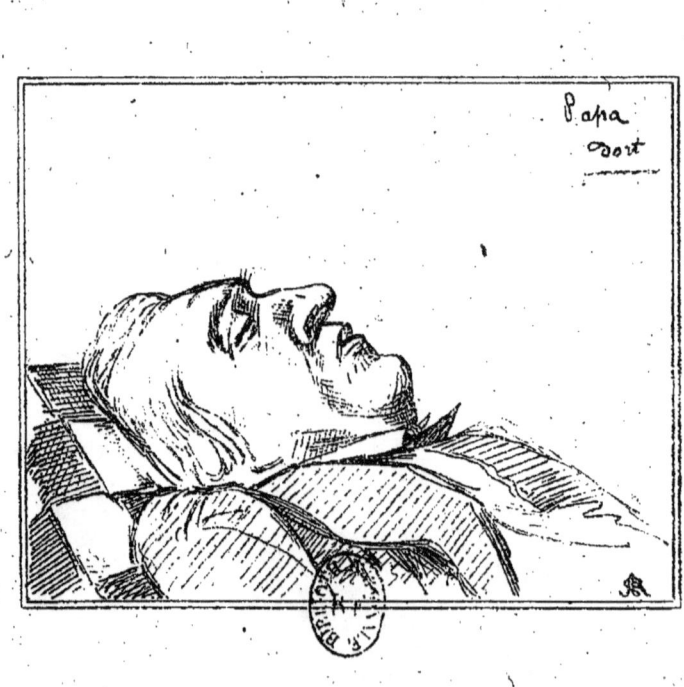

ERNEST RENAN

HENRIETTE RENAN

SOUVENIR POUR CEUX QUI L'ONT CONNUE

AVEC UN PORTRAIT DE L'AUTEUR
par son fils ARY

PARIS
LIBRAIRIE DES AMATEURS
A. FERROUD. — F. FERROUD, Successeur
127, BOULEVARD SAINT-GERMAIN, 127
1922

HENRIETTE RENAN

L A mémoire des hommes n'est qu'un imperceptible trait du sillon que chacun de nous laisse au sein de l'infini. Elle n'est cependant pas chose vaine. La conscience de l'humanité est la plus haute image réfléchie que nous connaissions de la conscience totale de l'univers. L'estime d'un seul homme est une partie de la justice absolue. Aussi, quoique les belles vies n'aient pas besoin d'un autre souvenir que de celui de Dieu, on a toujours cherché à fixer leur image. Je serais d'autant plus coupable de ne pas rendre ce devoir à ma sœur Henriette que seul j'ai pu connaître les trésors de cette âme élue. Sa timidité, sa réserve, cette pensée chez elle arrêtée qu'une femme doit vivre cachée, étendirent sur ses rares qualités un voile que bien peu soulevèrent. Sa vie n'a été qu'une suite d'actes de dévouement destinés à rester ignorés. Je ne trahirai pas son secret ; ces pages ne sont pas faites pour le public, et ne lui seront pas livrées. Mais ceux qui ont été du petit nombre à qui elle se révéla me feraient un reproche si je ne cherchais à mettre par ordre ce qui peut compléter leurs souvenirs.

I

Ma sœur Henriette naquit à Tréguier le 22 juillet 1811. Sa vie fut de bonne heure attristée et remplie d'austères devoirs. Elle ne connut jamais d'autres joies que celles que donnent la vertu et les affections du cœur. Elle tenait de notre père une disposition mélancolique, qui lui laissait peu de goût pour les distractions vulgaires et lui inspirait même une certaine disposition à fuir le monde et ses plaisirs. Elle n'avait rien de la nature vive, gaie, spirituelle que ma mère a conservée dans sa belle et forte vieillesse. Ses sentiments religieux, d'abord renfermés dans les formules du catholicisme, furent toujours très profonds. Tréguier, la petite ville où nous sommes nés, est une ancienne ville épiscopale, riche en poétiques impressions. Ce fut une de ces grandes cités monastiques, à la façon galloise et irlandaise, fondées par les émigrés bretons du vi^e siècle. Elle eut pour père un abbé Tual ou Tugdual. Quand Noménoé, au ixe siècle, voulant fonder une nationalité bretonne, transforma en évêchés tous ces grands monastères de la côte du Nord, le *Pabu-Tual*, ou monastère de Saint-Tual, fut du nombre. Au xvie et au xviie siècle, Tréguier devint un centre ecclésiastique assez considérable et le rendez-vous d'une petite noblesse locale. A la Révolution, l'évêché fut supprimé ; mais, après le rétablissement du culte catholique, les vastes constructions que la ville possédait en refirent un centre ecclésiastique, une ville de couvents et d'établissements religieux. La vie bourgeoise s'y est peu développée. Les rues, sauf une ou deux, sont de longues allées désertes, formées par des hauts murs de couvents, ou par d'anciennes maisons canoniales, entourées de jardins. Un air général de distinction perce partout, et donne à cette pauvre ville morte un charme que n'ont pas les villes de bourgeoisie, plus vivantes et plus riches, qui se sont développées dans le reste du pays.

La cathédrale surtout, très bel édifice du xive siècle, avec ses nefs élevées, ses étonnantes hardiesses d'architecture, son joli clocher, prodigieusement élancé, sa vieille tour romane, reste d'un édifice plus ancien, semblait faite exprès pour nourrir de hautes pensées. Le soir, on la laissait ouverte fort tard aux prières des personnes pieuses. Éclairé d'une seule lampe, rempli de cette atmosphère humide et tiède qu'entretiennent les vieux édifices, l'énorme vaisseau vide était plein d'infini et de terreurs. Les environs de la ville sont riches en belles ou étranges légendes. A un quart de lieue est la chapelle élevée près du lieu de naissance du bon avocat saint Yves, le saint des Bretons du dernier âge, devenu dans la croyance populaire le défenseur des faibles, le grand redresseur de torts; près de là, sur un point fort élevé, la vieille église de Saint-Michel, détruite par la foudre. On nous y menait chaque année le jeudi saint. C'est une croyance que ce jour-là toutes les cloches, pendant le grand silence qui leur est imposé, vont à Rome demander la bénédiction du pape. Pour les voir passer, on montait sur le tertre couvert de ruines; on fermait les yeux et on les voyait traverser l'air, doucement inclinées, laissant flotter mollement derrière elles leur robe de dentelle, celle-là même qu'elles portèrent le jour de leur baptême. Un peu plus loin, s'élève la petite chapelle des Cinq-Plaies, dans une charmante vallée; de l'autre côté de la rivière, près d'une ancienne fontaine sacrée, Notre-Dame-du-Tromeur, pèlerinage très vénéré.

Une forte disposition pour la vie intérieure fut chez ma sœur le résultat d'une enfance passée dans ce milieu plein de poésie et de douce tristesse. Quelques vieilles religieuses, chassées de leur couvent par la Révolution et devenues maîtresses d'école, lui apprirent à lire et à réciter les psaumes en latin. Elle apprit par cœur tout ce qu'on chante à l'église; sa réflexion s'exerçant plus tard sur ces vieux textes, qu'elle comparait au français et à l'italien, l'avait amenée à savoir beaucoup de latin, quoiqu'elle ne l'eût pas régulièrement appris. Son éducation, néanmoins, serait restée forcément très incomplète, sans une heureuse fortune qui lui donna une institutrice supérieure à toutes celles que le pays avait eues jusque-là. Les familles nobles de Tréguier étaient revenues de l'émigration complètement ruinées. Une demoiselle appartenant à l'une de ces familles, dont l'éducation s'était faite en Angleterre, se mit à donner des leçons. C'était une personne distinguée par le goût et les manières ; elle laissa chez ma sœur une trace profonde et un souvenir qui ne s'effaça point.

Les malheurs dont elle fut de bonne heure entourée augmentèrent cette tendance à la concentration qui était innée chez elle. Notre grand-père, par le côté paternel, appartenait à une sorte de clan de marins et de paysans qui peuple tout le pays de Goëlo. Il fit une petite fortune avec sa barque et vint s'établir à Tréguier. Notre père servit sur les flottes de la République. Après les désastres maritimes du temps, il commanda des navires pour son compte, et se laissa peu à peu entraîner à un commerce considérable. Ce fut une grande faute. Complètement inhabile aux affaires, simple et incapable de calcul, sans cesse arrêté par cette timidité qui fait du marin un véritable enfant dans la pratique de la vie, il vit la petite fortune qu'il tenait de sa famille se fondre peu à peu dans un gouffre qu'il ne mesurait pas. Les événements de 1815 amenèrent des crises commerciales qui lui furent fatales. Sa nature sentimentale et faible ne tenait pas contre ces épreuves ; il retirait peu à peu son enjeu de la vie. Ma sœur assista heure par heure aux ravages que l'inquiétude et le malheur exerçaient sur cette âme douce et bonne, égarée dans un genre d'occupations qui n'était pas le sien. Elle acquit dans ces rudes expériences une précoce maturité. Dès l'âge de douze ans, c'était une personne sérieuse, fatiguée de soucis, obsédée de pensées graves et de sombres pressentiments.

Au retour d'un de ses longs voyages dans nos mers froides et tristes, mon père eut un dernier rayon de joie : je naquis en février 1823. La venue de ce petit frère fut pour ma sœur une grande consolation. Elle s'attacha à moi de toute la force d'un cœur timide et tendre, qui a besoin d'aimer. Je me rappelle encore les petites tyrannies que j'exerçais sur elle, et contre lesquelles elle ne se révolta jamais. Quand elle sortait parée pour aller aux réunions des jeunes demoiselles de son âge, je m'attachais à sa robe, je la suppliais de revenir; alors elle rentrait, tirait ses habits de fête et restait

HENRIETTE RENAN

avec moi. Un jour, par plaisanterie, elle me menaça, si je n'étais point sage, de mourir ; et elle fit la morte, en effet, sur un fauteuil. L'horreur que me causa l'immobilité feinte de mon amie est peut-être l'impression la plus forte que j'aie éprouvée, le sort n'ayant pas voulu que j'aie assisté à son dernier soupir. Hors de moi, je m'élançai et lui fis au bras une terrible morsure. Elle poussa un cri que j'entends encore. Aux reproches que l'on m'adressait, je ne savais répondre qu'une seule chose : « Pourquoi donc étais-tu morte ? Est-ce que tu mourras encore ? »

En juillet 1828, les malheurs de notre père aboutirent à une affreuse catastrophe. Un jour, son navire venant de Saint-Malo rentra au port de Tréguier sans lui. Les hommes de l'équipage, interrogés, déclarèrent que depuis plusieurs jours ils ne l'avaient plus revu. Un mois entier ma mère le chercha avec d'inexprimables angoisses; enfin elle apprit qu'un cadavre avait été trouvé sur la côte d'Erqui, village situé entre Saint-Brieuc et le cap Fréhel. Il fut constaté que c'était celui de notre père. Quelle fut la cause de sa mort? Fut-il surpris par un de ces accidents si communs dans la vie de l'homme de mer? S'oublia-t-il dans un de ces longs rêves d'infini qui, chez les races bretonnes, confinent au sommeil sans fin? Crut-il avoir mérité le repos? Trouvant qu'il avait assez lutté, s'assit-il sur le rocher en disant : « Celle-ci sera la pierre de mon repos pour l'éternité; ici je reposerai, car je l'ai choisie? » Nous ne le savons pas. On le déposa dans le sable, où deux fois par jour les flots viennent le visiter; je n'ai pas encore pu élever là une pierre pour dire au passant ce que je lui dois. La douleur de ma sœur fut profonde. Elle tenait sa nature de notre père; elle l'aimait tendrement. Chaque fois qu'elle en parlait, c'était avec larmes. Elle était persuadée que son âme si éprouvée fut toujours juste et pure aux yeux de Dieu.

II

A partir de ce moment, notre état fut la pauvreté. Mon frère, qui avait dix-neuf ans, partit pour Paris et commença dès lors cette vie de travail et de constante application qui ne devait pas avoir toute sa récompense. Nous quittâmes Tréguier, dont le séjour avait pour nous trop de tristesse, et nous allâmes habiter Lannion, où ma mère avait sa famille. Ma sœur avait dix-sept ans. Sa foi était toujours vive, et plus d'une fois la pensée d'embrasser la vie religieuse avait fortement préoccupé son esprit. Le soir, en hiver, elle m'amenait à l'église sous son manteau; c'était pour moi une grande joie de fouler la neige ainsi abrité de toutes parts. Sans moi, elle eût sans contredit adopté un état qui, vu son instruction, ses dispositions pieuses, son manque de fortune et les coutumes du pays, semblait pour elle tout à fait indiqué. C'était surtout vers le couvent de Sainte-Anne, à Lannion, joignant le soin des malades à l'éducation des demoiselles, que se tournaient ses désirs. Hélas ! peut-être, si elle eût suivi cette pensée, eût-elle mieux travaillé pour son repos ! Mais elle était trop bonne fille et trop tendre sœur pour préférer son repos à ses devoirs, même quand des préjugés religieux qu'elle partageait encore devaient la rassurer. Dès lors, elle s'envisageait comme chargée de mon avenir. Un jour, trouvant mes mouvements embarrassés, elle vit que je cherchais timidement à dissimuler le défaut d'un vêtement usé. Elle pleura; la vue de ce pauvre enfant destiné à la misère, avec d'autres instincts, lui serra le cœur. Elle résolut d'accepter le combat de la vie, et s'imposa la tâche de combler à elle seule l'abîme que la mauvaise fortune de notre père avait creusé devant nous.

Le travail manuel d'une jeune fille était pour cela tout à fait insuffisant. La carrière qu'elle embrassa fut la plus amère de toutes. Il fut résolu que nous retournerions à Tréguier et qu'elle y exercerait les fonctions d'institutrice. De toutes les conditions qu'une personne bien élevée et sans fortune peut choisir, l'éducation des femmes dans une petite ville de province est sans contredit celle qui demande le plus de courage. On était aux premiers temps qui suivirent la révolution de 1830. Ce fut pour ces provinces écartées un moment de crise fâcheuse. La noblesse, sous la Restauration, voyant son privilège incontesté, avait pris franchement part au mouvement du monde. Maintenant, se croyant humiliée, elle se vengeait en se retirant dans un cercle étroit et en appauvrissant le développement général de la société. Toutes les familles légitimistes affectaient de ne confier leurs enfants qu'à des communautés religieuses. Les familles bourgeoises, pour suivre la mode et faire comme les gens de qualité, adoptèrent bientôt le même usage. Incapable de descendre à ces moyens d'habileté vulgaire sans lesquels il est presque impossible que les maisons d'éducation privée réussissent, ma sœur, avec sa rare distinction, son profond sérieux, son instruction solide, voyait sa pauvre petite école abandonnée. Sa modestie, sa réserve, le ton exquis qu'elle portait en toute chose, étaient ici des raisons d'insuccès. Aux prises avec des susceptibilités mesquines, obligée de compter avec les plus sottes prétentions, cette noble et grande âme s'usait, dans une lutte sans issue contre une société abaissée, à laquelle la Révolution avait enlevé les meilleurs éléments qu'elle possédait autrefois, sans lui porter encore aucun de ses bienfaits.

Quelques personnes supérieures aux petitesses du pays savaient l'apprécier. Un homme fort intelligent et dégagé des préjugés qui règnent sans contrepoids dans les villes de province, depuis que l'aristocratie a disparu ou s'est par réaction faussée et abêtie, conçut pour elle un sentiment très élevé. Ma sœur, malgré une marque de naissance à laquelle il fallait quelque temps pour s'habituer, avait, à cet âge, un charme extrême. Les personnes qui ne l'ont connue que tard et fatiguée par un climat rigoureux, ne peuvent se figurer ce que ses traits avaient alors de délicatesse et de langueur. Ses yeux étaient d'une rare douceur, sa main était la plus fine et la plus ravissante qui se pût voir. Des propositions furent faites; des conditions discrètement indiquées. Ces conditions auraient eu pour effet de la détacher en quelque sorte des siens, pour lesquels on supposait qu'elle avait assez travaillé. Elle refusa, quoique la netteté et la justesse de son esprit lui inspirassent un vrai penchant pour des qualités toutes semblables qu'elle rencontrait. Elle préféra la pauvreté à la richesse non partagée avec sa famille. Sa situation cependant devenait de plus en plus pénible. Les salaires qui lui eussent été dus étaient si irrégulièrement payés que par moments nous regrettions d'avoir quitté Lannion, où nous avions trouvé plus de dévouement et de sympathie.

Elle résolut alors de boire le calice jusqu'à la lie (1835). Une amie de notre famille, qui fit vers cette époque le voyage de Paris, lui parla d'une place de sous-maîtresse dans une petite institution de demoiselles. La pauvre fille accepta. Elle partit à vingt-quatre ans, sans protection, sans conseils, pour un monde qu'elle ignorait et qui lui réservait un apprentissage cruel.

Ses débuts à Paris furent horribles. Ce monde de froideur, de sécheresse et de charlatanisme, ce désert où elle ne comptait pas une personne amie, la désespéra. Le profond attachement que nous autres Bretons portons au sol, aux habitudes, à la vie de famille, se réveilla avec une déchirante vivacité. Perdue dans un océan où sa modestie la faisait méconnaître, empêchée par sa réserve extrême de contracter ces bonnes liaisons qui consolent et soutiennent quand elles ne servent pas, elle tomba dans une nostalgie profonde qui compromit sa santé. Ce qu'il y a de cruel pour le Breton dans ce premier moment de transplantation, c'est qu'il se croit abandonné de Dieu comme des hommes. Le ciel se voile pour lui. Sa douce foi dans la moralité générale du monde, son tranquille optimisme est ébranlé. Il se croit jeté du paradis dans un enfer de glaciale indifférence ; la voix du bien et du beau lui parait devenue sans timbre ; il s'écrie volontiers : « Comment chanter le cantique du Seigneur sur la terre étrangère ! » Pour comble de malheur, les premières maisons où le sort la conduisit n'étaient pas dignes d'elle. Qu'on se figure une tendre jeune fille, n'ayant jamais quitté sa pieuse petite ville, sa mère, ses amies, jetée tout à coup dans un de ces pensionnats frivoles où ses idées sérieuses sont à chaque moment blessées, où elle ne trouve chez les directrices que légèreté, insouciance, sordide intérêt. Elle avait gardé de cette première expérience des jugements fort sévères contre les maisons d'éducation de femmes à Paris. Vingt fois elle fut sur le point de repartir ; il fallut son invincible courage pour rester.

Peu à peu, cependant, elle fut appréciée. La direction des études d'une maison d'éducation, cette fois très honnête, lui fut confiée ; mais les obstacles qu'elle trouva pour la réalisation de ses vues dans les petitesses inséparables d'établissements privés, presque toujours soutenus par leurs propriétaires en vue de gains chétifs, l'empêchèrent de jamais prendre beaucoup de goût à ce genre d'enseignement. Elle travaillait seize heures par jour. Toutes les épreuves publiques imposées par les règlements, elle les subit. Ce travail n'eut pas sur elle l'effet qu'il aurait eu sur une nature médiocre. Au lieu de l'éteindre, il la fortifia, et amena chez elle un grand développement d'idées. Son instruction, déjà très étendue, devint exceptionnelle. Elle étudia les travaux de l'école historique moderne, et il me suffit plus tard de quelques mots pour lui donner le sens de la plus fine critique. Du même coup ses idées religieuses se modifièrent. Elle vit par l'histoire l'insuffisance de tout dogme particulier; mais le fond religieux qui était en elle par le don de la nature et par le fait de l'éducation première était trop solide pour être ébranlé. Tout ce développement, qui eût pu être dangereux chez une autre femme, fut ici sans venin ; car elle le garda pour elle seule. La culture de l'esprit avait à ses yeux une valeur intrinsèque et absolue ; elle ne songea jamais à en tirer une satisfaction de vanité.

Ce fut en 1838 qu'elle me fit venir à Paris. Élevé à Tréguier, par d'excellents prêtres qui y dirigeaient une sorte de petit séminaire, j'annonçai de très bonne heure des dispositions pour l'état ecclésiastique. Les succès de collège que j'obtenais enchantaient ma sœur qui en fit part à un homme bon et distingué, médecin de la maison d'éducation où elle était, et catholique très zélé, le docteur Descuret, l'auteur de la *Médecine des passions*. M. Descuret parla à M. Dupanloup, qui alors dirigeait d'une façon si brillante le petit séminaire Saint-Nicolas-du-Chardonnet, de l'acquisition possible d'un bon élève, et revint annoncer à ma sœur qu'une bourse au petit séminaire m'était offerte. J'avais quinze ans et demi. Ma sœur, dont les croyances catholiques commençaient à s'ébranler, voyait déjà avec quelque regret la direction toute cléricale de mon éducation. Mais elle savait le respect que mérite la foi d'un enfant. Jamais elle ne me dit un mot pour me détourner d'une ligne que je suivais en toute spontanéité. Elle venait me voir chaque semaine ; elle portait encore le simple châle de laine verte qui en Bretagne avait abrité sa fière pauvreté. C'était la même jeune fille aimante et douce, mais avec un degré de fermeté et de raison que les épreuves de la vie et de fortes études y avaient ajouté.

La carrière de l'éducation est si ingrate pour les femmes qu'au bout de cinq années passées à Paris, après plusieurs maladies contractées par l'excès du travail, ma sœur était loin encore de suffire aux charges qu'elle s'était imposées. Il est vrai qu'elle les avait conçues d'une façon qui eût découragé toute autre qu'elle. Notre père avait laissé un passif qui dépassait de beaucoup la valeur de notre maison paternelle, la seule propriété qui nous restât. Mais notre mère était si aimée et toutes les affaires se traitaient encore en ce bon pays d'une manière si patriarcale qu'aucun créancier ne songea à presser une solution. Il fut convenu que ma mère garderait la maison, payerait ce qu'elle pourrait et quand elle pourrait. Ma sœur ne voulait entendre parler de repos que quand tout ce lourd passé serait liquidé. C'est ainsi qu'elle fut amenée à écouter des propositions qui lui furent faites en 1840 pour une éducation particulière en Pologne. Il s'agissait de s'expatrier pour des années et d'accepter la plus rude des sujétions. Mais elle avait fait un bien plus grand effort quand elle quitta la Bretagne pour se lancer dans le vaste monde. Elle partit en janvier 1841, traversa la Forêt-Noire et toute l'Allemagne du Sud couverte de neige, rejoignit à Vienne la famille à laquelle elle s'était attachée, puis, franchissant les Carpathes, arriva au château de Clemensow, sur les bords du Bug, triste demeure où elle devait, durant dix années, apprendre combien l'exil est amer, même quand on a pour le soutenir un motif élevé.

Cette fois, du moins, le sort lui réserva une compensation pour tant d'autres injustices, en la plaçant dans une famille que je puis bien désigner, puisque à son illustration historique elle vient d'ajouter une gloire contemporaine qui met son nom dans toutes les bouches; ce fut la famille du comte André Zamoyski. L'amour avec lequel elle embrassa ses fonctions, l'affection qu'elle conçut pour ses trois élèves, le bonheur de voir ses efforts fructifier, en particulier dans celle qui, par son âge, fut appelée à recevoir le plus longtemps ses leçons, madame la princesse Cécile Lubomirska, la rare estime qu'elle obtint de toute cette noble famille, qui, après son retour en France, ne cessa point de recourir à ses lumières et à ses conseils, l'affinité qu'il y

HENRIETTE RENAN

avait, par le sérieux et la droiture, entre son caractère et celui de la maison où elle vivait, lui firent oublier les tristesses inséparables de ces sortes de positions et les rigueurs d'un climat très contraire à son tempérament. Elle s'attacha à la Pologne et conçut en particulier beaucoup d'estime pour le paysan polonais, en qui elle voyait une créature bonne, pleine de hauts instincts religieux, rappelant le paysan breton, mais avec moins d'énergie.

Les voyages qu'elle fit en Allemagne et en Italie achevèrent de mûrir ses idées. Elle résida à plusieurs reprises à Varsovie, à Vienne, à Dresde. Venise et Florence lui causèrent un vrai enchantement. Mais ce fut Rome surtout qui l'attacha. Cette ville, si profondément inspiratrice, l'amena à concevoir avec beaucoup de sérénité la séparation que tout esprit philosophique est obligé de faire entre le fond de la religion et ses formes particulières. Elle aimait à l'appeler, avec lord Byron, *chère cité de l'âme;* comme tous les étrangers qui y ont résidé, elle était même devenue indulgente pour ce que l'établissement moderne de la papauté entraîne de détails niais et puérils.

III

En 1845, je quittai le séminaire Saint-Sulpice. Grâce à l'esprit sérieux et libéral qui préside à la direction de cet établissement, j'avais poussé très loin mes études philologiques ; mes opinions religieuses s'en trouvèrent fort ébranlées. Henriette fut encore ici mon appui. Elle m'avait devancé dans la voie ; ses croyances catholiques avaient complètement disparu ; mais elle s'était toujours gardée d'exercer sur moi aucune influence à ce sujet. Quand je lui fis part des doutes qui me tourmentaient et qui me faisaient un devoir de quitter une carrière où la foi absolue est requise, elle fut ravie, et m'offrit de me faciliter ce difficile passage. J'entrais dans la vie à près de vingt-trois ans, vieux de pensée, mais aussi novice, aussi ignorant du monde qu'il est possible de l'être. A la lettre, je ne connaissais personne ; l'avance la plus simple que possède un jeune homme de quinze ans me manquait. Je n'étais même pas bachelier ès lettres. Il fut convenu que je chercherais dans les pensions de Paris une occupation qui me *mît au pair*, comme l'on dit, c'est-à-dire me donnât la table et le logement, en me laissant beaucoup de temps pour le travail.

Douze cents francs qu'elle me remit devaient me permettre d'attendre et suppléer à ce qu'une telle position pouvait d'abord avoir d'insuffisant. Ces douze cents francs ont été la pierre angulaire de ma vie. Je ne les ai jamais épuisés; mais ils me donnèrent la tranquillité d'esprit nécessaire pour penser à mon aise et me dispensèrent de me surcharger d'une besogne qui m'eût étouffé. Ses lettres exquises furent, à ce moment décisif de ma vie, ma consolation et mon soutien.

Pendant que je luttais contre des difficultés aggravées par ma totale inexpérience du monde, sa santé souffrait de rudes atteintes par suite de la rigueur des hivers en Pologne. Une affection chronique du larynx se développa et prit, en 1850, assez de gravité pour que son retour fût jugé nécessaire. Sa tâche, d'ailleurs, était accomplie; les dettes de notre père étaient complètement éteintes, les petites propriétés qu'il nous avait laissées se trouvaient, dégagées de toute charge, entre les mains de notre mère; mon frère avait conquis par son travail une position qui promettait de devenir la richesse. La pensée nous vint de nous réunir. En septembre 1850, j'allai la rejoindre à Berlin. Ces dix années d'exil l'avaient toute transformée. Les rides de la vieillesse s'étaient prématurément imprimées sur son front; du charme qu'elle avait encore quand elle me dit adieu dans le parloir du séminaire Saint-Nicolas, il ne lui restait que l'expression délicieuse de son ineffable bonté.

Alors commencèrent pour nous ces douces années dont le souvenir m'arrache des larmes. Nous prîmes un petit appartement au fond d'un jardin, près du Val-de-Grâce. Notre solitude y fut absolue. Elle n'avait pas de relations et ne chercha guère à en former. Nos fenêtres donnaient sur le jardin des Carmélites de la rue d'Enfer. La vie de ces recluses, pendant les longues heures que je passais à la Bibliothèque, réglait en quelque sorte la sienne et faisait son unique distraction. Son respect pour mon travail était extrême. Je l'ai vue, le soir, durant des heures à côté de moi, respirant à peine pour ne pas m'interrompre; elle voulait cependant me voir, et toujours la porte qui séparait nos deux chambres était ouverte. Son amour était arrivé à quelque chose de si discret et de si mûr que la communion secrète de nos pensées lui suffisait. Elle, si exigeante de cœur, si jalouse, se contentait de quelques minutes par jour pourvu qu'elle fût assurée d'être seule aimée. Grâce à sa rigoureuse économie, elle me fit, avec des ressources singulièrement limitées, une maison où rien ne manqua jamais, et qui même avait son charme austère. Nos pensées étaient si parfaitement à l'unisson que nous avions à peine besoin de nous les communiquer. Nos vues générales sur le monde et sur Dieu étaient identiques. Il n'y avait nuance si délicate dans les théories que je mûrissais à cette époque qu'elle ne comprît. Sur beaucoup de points d'histoire moderne, qu'elle avait étudiés aux sources, elle me devançait. Le plan général de ma carrière, le dessein de sincérité inflexible que je formais était si bien le produit combiné de nos deux consciences que, si j'eusse été tenté d'y manquer, elle se fût trouvée près de moi, comme une autre partie de moi-même, pour me rappeler mon devoir.

Sa part dans la direction de mes idées fut ainsi très étendue. Elle était pour moi un secrétaire incomparable; elle copiait tous mes travaux et les pénétrait si profondément que je pouvais me reposer sur elle comme sur un *index* vivant de ma propre pensée. Je lui dois infiniment pour le style. Elle lisait en épreuves tout ce que j'écrivais, et sa précieuse censure allait chercher avec une délicatesse infinie des négligences dont je ne m'étais pas aperçu jusque-là. Elle s'était fait une excellente manière d'écrire, toute prise aux sources anciennes, et si pure, si rigoureuse, que je ne crois pas que depuis Port-Royal on se soit proposé un idéal de diction d'une plus parfaite justesse. Cela la rendait fort sévère; elle admettait très peu des écrivains de nos jours, et quand elle vit les essais que j'avais composés avant notre réunion et qui n'avaient pu arriver jusqu'à elle en Pologne, ils ne lui plurent qu'à demi. Elle en partageait la tendance, et en tout cas elle pensait que dans cet ordre de pensées intimes, exprimées avec mesure, chacun doit donner ce qui est en lui avec une entière liberté. Mais la forme lui paraissait abrupte et négligée; elle y trouvait des traits excessifs, des tons durs, une manière trop peu respectueuse de traiter la langue. Elle me convainquit qu'on peut tout dire dans le style simple et correct des bons auteurs, et que les expressions nouvelles, les images violentes viennent toujours ou d'une prétention déplacée, ou de l'ignorance de nos richesses réelles.

Aussi, de ma réunion avec elle date un changement profond dans ma manière d'écrire. Je m'habituai à composer en comptant d'avance sur ses remarques, hasardant bien des traits pour voir quel effet ils produiraient sur elle, et décidé à les sacrifier si elle me le demandait. Ce procédé d'esprit est devenu pour moi, depuis qu'elle n'est plus, le cruel sentiment de l'amputé, agissant sans cesse en vue du membre qu'il a perdu. Elle était un organe de ma vie intellectuelle, et c'est vraiment une portion de mon être qui est entrée avec elle au tombeau.

HENRIETTE RENAN

Dans toutes les choses morales nous étions arrivés à voir avec les mêmes yeux et à sentir avec le même cœur. Elle était si bien au courant de mon ordre de pensée qu'elle devançait presque toujours ce que j'allais dire, l'idée éclosant chez elle et chez moi au même instant. Mais en un sens elle me surpassait de beaucoup. Dans les choses de l'âme je cherchais encore matière à des luttes attachantes ou à des études d'art; pour elle, rien ne ternissait la pureté de sa communion intime avec le bien. Sa religion du vrai ne souffrait pas la moindre note discordante. Un trait qui la blessa dans mes écrits fut un sentiment d'ironie qui m'obsédait et que je mêlais aux meilleures choses. Je n'avais jamais souffert, et je trouvais dans le sourire discret, provoqué par la faiblesse ou la vanité de l'homme, une certaine philosophie. Cette habitude la blessait, et je la lui sacrifiai peu à peu. Maintenant je reconnais combien elle avait raison. Les bons doivent être simplement bons; toute pointe de moquerie implique un reste de vanité et de défi personnel qu'on finit par trouver de mauvais goût.

Sa religion était arrivée au dernier degré d'épuration. Elle rejetait absolument le surnaturel; mais elle gardait au christianisme un haut attachement. Ce n'était pas précisément le protestantisme, même le plus large, qui lui plaisait. Elle conservait un charmant souvenir du catholicisme, de ses chants, de ses psaumes, des pratiques pieuses dont elle avait été bercée en son enfance. C'était une sainte, moins la foi précise au symbole et les étroites observances. Un mois environ avant sa mort, nous eûmes avec l'excellent docteur Gaillardot une conversation religieuse sur la terrasse de notre maison de Ghazir. Elle me retenait sur la pente des formules d'un Dieu inconscient et d'une immortalité purement idéale, où je me laissais entraîner. Sans être déiste à la façon vulgaire, elle ne voulait pas qu'on réduisît la religion à une pure abstraction. Dans la pratique, au moins, tout pour elle devenait clair : « Oui, nous dit-elle, à ma dernière heure, j'aurai la consolation de me dire que j'ai fait le plus de bien possible ; s'il y a quelque chose qui ne soit point vanité, c'est cela. »

Un sentiment exquis de la nature était la source de ses plus fines jouissances. Une belle journée, un rayon de soleil, une fleur suffisaient pour l'enchanter. Elle comprenait très bien l'art délicat des grandes écoles idéalistes de l'Italie ; mais elle ne pouvait se plaire à l'art brutal ou violent qui se propose autre chose que la beauté.

Une circonstance particulière lui donna une rare connaissance de l'histoire de l'art du moyen âge. Elle rassembla pour moi toutes les notes du discours sur l'état des beaux-arts au xive siècle, qui fera partie du tome xxive de l'*Histoire littéraire de la France*. Pour cela, elle dépouilla avec une patience et une exactitude admirables les grandes collections archéologiques publiées depuis un demi-siècle, recueillant tout ce qui se rapportait à notre objet. Ses vues, qu'elle consignait en même temps, étaient d'une rare justesse, et je n'ai eu presque toujours qu'à les adopter. Nous fîmes ensemble, pour compléter nos recherches, un voyage dans le pays où s'est formé l'art gothique, dans le Vexin, le Valois, le Beauvoisis, la région de Noyon, de Laon, de Reims. Elle déployait dans ces recherches, qui l'intéressaient, une surprenante activité. Son idéal était une vie laborieuse, obscure, entourée d'affections. Elle répétait souvent le mot de Thomas à Kempis : *in angello, cum libello*. Elle coula dans ces tranquilles occupations de bien douces heures. Sa pensée alors était pleinement rassérénée, et son cœur, d'ordinaire inquiet, entrait dans un plein repos.

Sa capacité de travail était prodigieuse. Je l'ai vue, durant des journées entières, ne pas quitter la tâche qu'elle s'était imposée. Elle prenait part à la rédaction de journaux d'éducation, surtout à celui que dirigeait son amie, mademoiselle Ulliac-Trémadeure. Elle ne signait jamais de son nom, et il était impossible qu'avec sa grande modestie elle arrivât en un tel genre à conquérir autre chose que l'estime d'un petit nombre. Le goût détestable qui préside en France à la composition des ouvrages destinés à l'éducation des femmes ne lui laissait d'ailleurs espérer ni grandes satisfactions, ni grands succès. C'était surtout pour obliger son amie, vieille et infirme, qu'elle faisait ces travaux. Les écrits où on la trouvait tout entière étaient ses lettres. Elle les écrivait dans la perfection. Ses notes de voyage étaient excellentes aussi. Je m'étais fié à elle pour raconter la partie non scientifique de notre voyage d'Orient. Hélas! toute la conscience de ce côté de mon entreprise, que j'avais déposée en elle, a péri avec elle. Ce que j'ai trouvé à ce sujet dans ses papiers est très bon. Nous espérons pouvoir le publier en le complétant par ses lettres. Nous publierons ensuite un récit qu'elle écrivit des grandes expéditions maritimes du xve et du xvie siècle. Elle avait fait pour ce travail des recherches très étendues, et elle y avait porté une critique bien rare dans les ouvrages destinés aux enfants. Elle ne faisait rien à demi; la droiture de son jugement se montrait en tout par un goût exquis du solide et du vrai.

Elle n'avait pas ce qu'on appelle de l'esprit, si l'on comprend par ce mot quelque chose de narquois et de léger, à la manière française. Jamais elle ne s'est moquée de personne. La malignité lui était odieuse; elle y voyait quelque chose de cruel. Je me rappelle qu'à un *pardon* de Basse-Bretagne, où l'on allait en bateau, notre barque était précédée d'une autre où se trouvaient des dames pauvres qui, ayant voulu se faire belles pour la fête, étaient tombées dans des arrangements de toilette chétifs et de mauvais goût. Les personnes avec qui nous étions en riaient, et les pauvres dames s'en apercevaient. Je la vis fondre en larmes : accueillir par le persiflage de bonnes personnes qui oubliaient un instant leurs malheurs pour s'épanouir et qui peut-être se mettaient dans la gêne par déférence pour le public, lui sembla une barbarie. A ses yeux, l'être ridicule était à plaindre; dès lors elle l'aimait et elle était pour lui contre le railleur.

De là sa froideur pour le monde et sa pauvreté dans les conversations ordinaires, presque toutes tissues de malices et de frivolités. Elle avait vieilli avant le temps, et elle avait l'habitude d'exagérer encore son âge par son costume et ses manières. Il y avait chez elle une sorte de religion du malheur; elle accueillait, cultivait presque chaque motif de pleurer. La tristesse devenait pour elle un sentiment long et facilement doux. En général, les personnes bourgeoises ne la comprenaient pas et lui trouvaient quelque chose de raide et d'embarrassé. Rien de ce qui n'était pas complètement bon ne pouvait lui plaire. Tout était chez elle vrai et profond; elle ne savait pas se profaner. Les gens du peuple, les paysans, au contraire, la trouvaient d'une exquise bonté, et les personnes qui savaient la toucher par ses grands côtés arrivaient bien vite à voir la profondeur de sa nature et sa haute distinction.

Parfois elle avait de charmants retours de femme; elle redevenait jeune fille; elle se rattachait à la vie presque en souriant, et l'écran qui était entre le monde et elle semblait s'abaisser. Ces moments fugitifs de délicieuses faiblesses, lueurs passagères d'une aurore évanouie, étaient chez elle pleins de mélancolique douceur. En cela elle était supérieure aux personnes qui professent dans sa morne abstraction le détachement prêché par les mystiques. Elle aimait la vie; elle y avait du goût; elle pouvait sourire à une parure, à un souci de femme, comme on sourit à une fleur. Elle n'avait pas dit à la nature cet *abrenuntio* frénétique de l'ascétisme chrétien. La vertu pour elle n'était pas une tension austère, un effort voulu;

c'était l'instinct naturel d'une belle âme allant au bien par un effort spontané, servant Dieu sans crainte ni tremblement.

Ainsi nous vécûmes durant six années d'une vie très élevée et très pure. Ma position était toujours extrêmement modeste ; mais c'était elle-même qui le voulait. Elle ne m'eût pas permis, quand même j'y eusse pensé, de sacrifier à mon avancement la moindre partie de mon indépendance. Les malheurs qui frappèrent inopinément notre frère et entraînèrent la perte de toutes nos économies ne l'ébranlèrent pas. Elle eût repris le chemin de l'étranger, si cela eût été nécessaire au développement régulier de ma vie.

Mon Dieu ! ai-je fait tout ce qui dépendait de moi pour lui procurer le bonheur ? Avec quelle amertume je me reproche maintenant de n'avoir pas été avec elle assez expansif, de ne pas lui avoir assez dit combien je l'aimais, d'avoir trop cédé à mon penchant vers la concentration taciturne, de n'avoir pas mis à usure chaque heure qui m'était laissée ! Oh ! si je pouvais retrouver un seul de ces moments que je n'ai point passés à la rendre heureuse !... Mais je prends à témoin son âme élue qu'elle fut toujours au fond de mon cœur, qu'elle régna sur toute ma vie morale comme il ne fut jamais donné à personne de régner, qu'elle fut toujours le principe de mes tristesses et de mes joies. Si j'ai péché envers elle, ce fut par suite d'une raideur de manières à laquelle les personnes qui me connaissent ne doivent pas s'arrêter, et par un sentiment de respect déplacé qui me faisait éviter avec elle tout ce qui eût ressemblé à une profanation de sa sainteté. Elle-même était retenue à mon égard par un sentiment semblable. Ma longue éducation cléricale, pendant quatre ans absolument solitaire, m'avait donné à cet égard un pli de caractère que sa réserve délicate l'empêchait de combattre autant qu'elle l'aurait pu.

IV

Mon inexpérience de la vie, et surtout l'ignorance où j'étais des profondes différences qu'il y a entre le cœur de l'homme et celui de la femme, m'amenèrent à lui demander un sacrifice qui eût été au-dessus des forces de toute autre qu'elle. Le sentiment que j'avais de mes devoirs envers une telle amie était trop profond pour qu'il pût me venir à l'esprit de changer sans son aveu quelque chose à notre état. Mais ce fut elle-même qui prit les devants avec sa noblesse de cœur accoutumée.

Dès les premiers temps de notre réunion, elle m'engagea fortement à me marier. Elle y revenait souvent; elle causa même, à mon insu, avec un de nos amis d'une union qu'elle avait projetée pour moi et qui ne se réalisa point. L'initiative qu'elle prit en cette circonstance m'entraîna dans une véritable erreur. Je crus sincèrement qu'elle ne serait pas blessée le jour où je viendrais lui dire que j'avais trouvé une personne de mon choix, digne de lui être associée. En la laissant me parler de mariage, je n'avais jamais compris qu'elle me quittât. J'avais toujours entendu qu'elle resterait pour moi ce qu'elle avait été jusqu'alors, la sœur accomplie et bien-aimée, incapable de prendre ni de donner ombrage, assez complètement sûre des sentiments qu'elle m'inspirait pour ne point être blessée de ceux qu'une autre obtiendrait. Je vois maintenant l'erreur d'une telle conception. La femme n'aime pas comme l'homme ; toute affection est chez elle exclusive et jalouse ; elle n'admet pas une diversité de nature entre les différents amours. Mais j'étais excusable ; j'étais trompé par mon extrême simplicité de cœur et aussi un peu par elle. A vrai dire, n'était-elle pas elle-même dupe de son courage? Je le crois.

Quand le mariage auquel elle avait songé pour moi fut écarté, elle en eut un certain regret, bien que ce projet eût, à quelques égards, cessé de lui sourire. Mais, ô mystère des cœurs de femmes ! l'épreuve au-devant de laquelle elle avait couru lui devint cruelle quand elle lui fut offerte. Elle avait bien voulu du calice d'absinthe que ses mains avaient préparé ; elle hésitait maintenant devant celui que je lui offrais, quoique j'eusse mis tout mon art à le rendre doux pour elle. Terrible conséquence des délicatesses exagérées ! Ce frère et cette sœur qui se sont tant aimés furent un jour amenés, pour ne s'être point parlé avec assez de franchise, à se tendre des pièges sans le savoir, à se chercher et à ne se trouver pas.

Ce furent là pour nous des jours très amers. Tout ce que l'amour peut avoir d'orages, nous le traversâmes. Quand elle me disait qu'en me proposant un mariage elle n'avait voulu qu'éprouver si je lui suffisais, quand elle m'annonçait que le moment de mon union à une autre personne serait celui de son départ, la mort entrait dans mon cœur. Est-ce à dire que le sentiment qu'elle éprouvait fût simple, qu'elle voulût réellement faire obstacle à l'union que j'avais désirée? Non certes. C'était la tempête d'une âme passionnée, la révolte d'un cœur violent dans son amour.

Dès qu'elle et mademoiselle Cornélie Scheffer se virent, elles conçurent l'une pour l'autre le sentiment qui devait plus tard devenir si doux pour toutes les deux. Les façons grandes et élevées de M. Ary Scheffer la saisissaient et l'enlevaient. Elle reconnaissait qu'il n'y avait point de place ici pour des petitesses bourgeoises, pour de mesquines susceptibilités. Elle voulait ; mais au moment décisif la femme se retrouvait ; elle n'avait plus la force de vouloir.

Un jour enfin, je dus sortir de cette cruelle angoisse. Forcé de choisir entre deux affections, je sacrifiai tout à la plus ancienne, à celle qui ressemblait le plus à un devoir. J'annonçai à mademoiselle Scheffer que je ne la reverrais plus si le cœur de mon amie ne cessait de saigner.

C'était le soir; je revins dire à ma sœur ce que j'avais fait. Une vive révolution s'opéra en elle; avoir empêché une union désirée par moi et par elle hautement appréciée, lui inspira un cruel remords. Le lendemain matin, de très bonne heure, elle courait chez M. Scheffer; elle passait de longues heures avec ma fiancée; elles pleuraient ensemble; elles se quittaient joyeuses et amies. Après comme avant mon mariage, en effet, tout fut commun entre nous. Ce furent ses économies qui rendirent possible notre jeune ménage. Sans elle, je n'aurais pu faire face à mes nouveaux devoirs. Ma confiance en sa bonté était telle que la naïveté d'une telle conduite ne m'apparut que beaucoup plus tard.

Ces alternatives furent longues; souvent encore le cruel et charmant démon d'inquiétude amoureuse, de jalousie, de révoltes subites, de soudains repentirs qui habite le cœur des femmes, se réveilla pour la torturer. Souvent l'idée de se séparer d'une vie où elle prétendait, à ses heures d'amertume, être devenue inutile, se présentait dans ses discours attristés. Mais c'étaient là des restes de mauvais rêves, qui se dissipaient peu à peu. Le tact délicat, le cœur exquis de celle que je lui avais donnée pour sœur, remportèrent un plein triomphe. Dans les moments de passagers reproches, la charmante intervention de Cornélie, sa gaieté pleine de naturel et de grâce changeaient nos larmes en sourires; nous finissions par nous embrasser tous les trois. La droiture de cœur et de sens que développaient devant moi ces deux femmes, aux prises avec le problème le plus délicat de l'amour, faisait mon admiration. Je finissais par bénir les angoisses qui m'avaient valu ces beaux retours. La naïve espérance, que j'avais eue de voir une autre que moi compléter son bonheur et introduire dans sa vie une gaieté et un mouvement que je ne savais pas y mettre, se trouvait par moments réalisée. Plus heureux qu'avisé je voyais mes imprudences se tourner en sagesse, et je goûtais le fruit de mes témérités.

La naissance de mon petit Ary acheva d'effacer la trace de toutes ses larmes. Son affection pour cet enfant fut une vraie adoration. L'instinct maternel qui débordait en elle trouva ici son épanchement naturel. Sa douceur, sa patience inaltérable, son goût de ce qui est simple et bon lui inspiraient pour l'enfance des tendresses indicibles. C'était une sorte de culte religieux, où sa nature mélancolique trouvait un charme infini.

Quand naquit mon second enfant, une fille que je perdis au bout de quelques mois, elle me dit plusieurs fois que cette petite venait pour la remplacer près de moi. Elle aimait la pensée de la mort et y prenait mille complaisances : « Vous verrez, chers amis, nous disait-elle, que la petite fleur que nous avons perdue nous laissera un très suave parfum. » L'image de cette douce petite morte fut pour elle longtemps sacrée.

Ainsi mêlée à nos joies et à nos peines de toute la force de son exquise sensibilité, elle était arrivée à faire complètement sienne la nouvelle vie à laquelle je l'avais associée. Je compte entre mes grandes satisfactions morales d'avoir pu réaliser par les deux femmes que le sort a attachées à ma vie ce chef-d'œuvre d'abnégation et de pur dévouement. Elles s'aimèrent d'une vive affection, et aujourd'hui j'ai la consolation d'avoir à mes côtés un deuil presque égal au mien. Chacune d'elles eut près de moi sa place distincte, et cela pourtant sans partage ni exclusion. Chacune d'elles à sa manière fut tout pour moi.

Quelques jours avant sa mort, à un moment où elle eut comme un pressentiment de sa fin prochaine, ma sœur me dit des paroles qui témoignaient que tout était cicatrisé et qu'il ne lui restait des amertumes passées qu'un souvenir.

V

Quand l'empereur m'offrit, en mai 1860, une mission scientifique dans l'ancienne Phénicie, elle fut une des personnes qui me conseillèrent le plus d'accepter. Ses opinions politiques étaient d'un libéralisme très ferme; mais elle pensait que toutes les susceptibilités de parti doivent être mises de côté, quand il s'agit de réaliser un dessein que l'on croit bon et où l'on n'a que des dangers à recueillir. Il fut décidé tout d'abord qu'elle m'accompagnerait. Habitué à ses soins et à l'excellente collaboration qu'elle me donnait dans tous mes travaux, j'avais en outre besoin d'elle pour surveiller les dépenses et tenir la comptabilité. Élle le fit avec un soin minutieux, et, grâce à elle, je pus, durant une année entière, mener à fin une entreprise fort compliquée, sans être un moment arrêté par des soucis matériels. Son activité étonna tous ceux qui la virent. Sans elle, incontestablement, je n'aurais pu remplir en si peu de temps le programme, trop étendu peut-être, que je m'étais tracé.

Elle ne me quitta pas un moment. Sur les sommets les plus escarpés du Liban, comme dans les déserts du Jourdain, elle me suivit pas à pas, vit tout ce que je vis. Si j'étais mort, elle eût pu raconter mon voyage presque aussi bien que moi. Les épouvantables routes de la montagne et les privations inséparables de ces sortes d'explorations, ne l'arrêtèrent jamais. Mille fois le cœur me faiblit en la voyant vaciller au-dessus des précipices ; elle était à cheval d'une solidité extraordinaire. Elle faisait huit ou dix heures de marche par jour. Sa santé, habituellement assez frêle, résistait, soutenue par l'énergie de sa volonté ; mais le système nerveux tout entier contractait une excitation qui se trahissait par des névralgies violentes. Deux ou trois fois, en plein désert, elle tomba dans des états qui nous épouvantèrent. Son courage nous faisait illusion. Elle avait embrassé mon plan de recherches avec tant de passion que rien ne put la séparer de moi avant qu'il ne fût parfaitement accompli.

Ce voyage fut, du reste, pour elle, la source de jouissances très vives. Ce fut, à vrai dire, sa seule année sans larmes et presque la seule récompense de sa vie. La fraîcheur de ses impressions était entière ; elle s'abandonnait aux sensations de ce monde nouveau avec la joie naïve d'un enfant. Rien n'égale, en automne et au printemps, le charme de la Syrie. Un air embaumé pénètre tout et semble communiquer à la vie quelque chose de sa légèreté. Les plus belles fleurs, surtout d'admirables cyclamens, sortent en touffes de chaque fente de rocher ; dans les plaines du côté d'Amrit et de Tortose, le pied des chevaux déchire des tapis épais composés des plus belles fleurs de nos parterres. Les eaux qui coulent de la montagne forment avec l'âpre soleil qui les dévore un contraste plein d'enivrements.

Notre premier séjour fut le village d'Amschit, à trois quarts d'heure de Gébeil (Byblos), fondé, il y a vingt-cinq ou trente ans, par le riche Maronite Mikhaël Tobia. Zakhia, l'héritier de Mikhaël, nous rendit ce séjour extrêmement agréable. Il nous donna une jolie maison, d'où l'on dominait Byblos et la mer. La douceur de mœurs des habitants, leurs attentions de tous les jours, l'affection qu'ils conçurent pour nous et en particulier pour elle la touchèrent profondément. Elle aimait à revenir à ce village, et nous en fîmes en quelque sorte notre centre d'action dans toute la région de Byblos. Le village de Sarba, près Djouni, où réside la bonne et honnête famille Khadra, bien connue de tous les Français qui ont voyagé en Orient, devint aussi pour elle un lieu favori. Cette délicieuse baie du Kesrouan, avec ses villages qui se touchent, ses couvents suspendus à chaque sommet, ses montagnes qui plongent dans la mer, ses flots si purs, la ravissait; toutes les fois que nous y débouchions, en venant de Gébeil, par les rochers du Nord, c'était un hymne de joie qui s'échappait de son cœur. En général, elle s'attacha beaucoup aux Maronites. Sa visite au couvent de Bkerké, où résidait alors le patriarche, au milieu d'évêques d'une agreste simplicité, lui laissa un très agréable souvenir. Au contraire, elle prit en grande aversion les petits commérages européens de Beyrouth, et la sécheresse des villes où domine le type musulman, telles que Saïda. Les grands spectacles dont elle fut témoin à Tyr l'enchantèrent; du haut pavillon qu'elle occupait, elle était à la lettre balancée par la tempête. La vie nomade, à la longue si attrayante, lui était devenue chère. Ma femme inventait chaque soir des prétextes pour la décider à ne pas rester seule dans sa tente; elle cédait en résistant un peu; elle se plaisait en cette étroite et commune atmosphère, près de ceux qui l'aimaient, au milieu de la sauvage immensité.

Mais ce fut surtout son voyage en Palestine

qui la passionna. Jérusalem, avec ses souvenirs incomparables, Naplouse et sa belle vallée, le Carmel, si fleuri au printemps, la Galilée surtout, paradis terrestre dévasté, mais où le souffle divin est sensible encore, la tinrent durant six semaines sous un vrai charme. De Tyr et d'Oum-el-Awamid, nous avions déjà dirigé plusieurs petites campagnes de six à huit jours vers ces vieilles terres d'Aser et de Nephtali, qui ont vu s'accomplir de si grandes choses. Quand je lui montrai pour la première fois, de Kasyoun, au-dessus du lac Huleh, toute la région du haut Jourdain, et dans le lointain le bassin du lac de Génésareth, berceau du christianisme, elle me remercia, et me dit que je lui avais donné le prix de toute sa vie en lui montrant ces lieux.. Supérieure au sentiment étroit qui fait attacher les souvenirs historiques à des objets matériels, presque toujours apocryphes, ou à des localités précises, qui n'ont souvent aucun titre solide à la vénération, elle cherchait l'âme, l'idée, l'impression générale. Nos longues tournées dans ce beau pays, toujours en face de l'Hermon, dont les ravins seuls se distinguaient sur l'azur du ciel en lignes de neige, sont restées dans notre mémoire comme des rêves d'un autre univers.

Au mois de juillet, ma femme, qui depuis le mois de janvier était avec nous, dut nous quitter pour d'autres devoirs. Les fouilles étaient finies, l'armée avait évacué la Syrie. Nous restâmes seuls ensemble pour veiller à l'enlèvement des objets, achever l'exploration du haut Liban et préparer pour l'automne suivant une dernière campagne à Chypre. Je déplore maintenant de mes larmes les plus amères le parti que je pris de prolonger ainsi notre séjour durant les mois qui sont, en Syrie, les plus dangereux pour l'Européen.

Notre dernier voyage dans le Liban la fatigua beaucoup. Nous demeurâmes trois jours à Maschnaka, au-dessus du fleuve Adonis, logés dans une hutte de boue. Le passage continuel des vallées froides aux rochers torrides, la mauvaise nourriture, l'obligation de coucher la nuit dans des maisons très basses où, pour ne pas étouffer, il fallait tenir tout ouvert, lui donnèrent le germe de douleurs nerveuses, qui se développèrent bientôt. Au sortir des vallées profondes de Tannourin, après avoir couché au couvent de Mar-Iakoub, sur une des dents les plus abruptes de ces parages, nous entrâmes dans la région brûlante de Toula. Ce brusque contraste nous accabla. Vers onze heures, au village de Helta, elle fut prise de vives souffrances. Je la fis reposer dans la pauvre case du curé; plus loin, pendant que j'allais recueillir les inscriptions, elle essaya de dormir dans un oratoire. Mais les femmes du pays ne lui laissèrent pas de repos; elles venaient la voir, la toucher. Enfin nous atteignîmes Toula. Là, elle passa deux jours dans d'atroces douleurs. Nous étions dénués de tout secours; la grossière simplicité des habitants ajoutait à son supplice. N'ayant jamais vu d'Européen, ils envahissaient la maison, et, pendant que je sortais pour mes recherches, ils la tourmentaient d'une façon insupportable. Dès qu'elle put se tenir à cheval, nous gagnâmes Amschit, où elle éprouva quelque soulagement. Mais son œil gauche était atteint; la vision de cet œil était affaiblie et par moments elle souffrait d'une véritable diplopie.

L'énorme chaleur qu'il faisait sur toute la côte et l'état de fatigue où nous étions, me décidèrent à aller fixer notre résidence à Ghazir, point situé à une grande hauteur au-dessus de la mer, au fond de la baie de

Kesrouan. Nous prîmes congé de nos bonnes gens d'Amschit et de Gébeil. Le soleil baissait quand nous arrivâmes à l'embouchure du fleuve Adonis ; nous nous y reposâmes. Quoique ses douleurs fussent loin d'avoir disparu, le calme voluptueux de ce bel endroit s'empara d'elle ; elle eut un moment de douce gaieté. Nous montâmes au clair de lune la montagne de Ghazir ; elle était très contente, et nous croyions, en quittant le rivage brûlant, laisser derrière nous les causes de souffrances que nous y avions trouvées.

Ghazir est sans contredit l'un des endroits les plus beaux du monde ; les vallées voisines sont d'une verdure délicieuse, et la pente d'Aramoun, un peu plus haut, est le plus charmant paysage que j'aie vu dans le Liban ; mais la population, gâtée par le contact des familles prétendues aristocratiques du pays, n'a pas les bonnes qualités ordinaires du peuple Maronite. Nous y trouvâmes une petite maison, avec une jolie treille. Là nous prîmes quelques jours d'un bien doux repos. Nous avions de la neige des crevasses de la haute montagne. Nos pauvres compagnons de voyage, sa bonne jument arabe, ma mule Sada, paissaient sous nos yeux. Pendant les premiers quinze jours, elle souffrit encore beaucoup; puis les douleurs s'apaisèrent, et Dieu lui montra enfin, avant de quitter cette terre, quelques jours de bonheur pur.

Ces jours m'ont laissé un inexprimable souvenir. Les lenteurs inséparables des difficiles opérations que nous achevions en ce moment me laissaient beaucoup de loisir. Je résolus d'écrire toutes les idées qui, depuis mon séjour dans le pays de Tyr et mon voyage de Palestine, germaient dans mon esprit sur la vie de Jésus. En lisant l'Évangile en Galilée, la personnalité de ce grand fondateur m'était fortement apparue. Au sein du plus profond repos qu'il soit possible de concevoir, j'écrivis, avec l'Évangile et Josèphe, une *Vie de Jésus*, que je poussai à Ghazir jusqu'au dernier voyage de Jésus à Jérusalem. Heures délicieuses et trop vite évanouies, oh! puisse l'éternité vous ressembler! Du matin au soir, j'étais comme ivre de la pensée qui se déroulait devant moi. Je m'endormais avec elle, et le premier rayon du soleil paraissant derrière la montagne me la rendait plus claire et plus vive que la veille. Henriette fut confidente jour par jour des progrès de mon ouvrage; au fur et à mesure que j'avais écrit une page, elle la copiait : « Ce livre-ci, me disait-elle, je l'aimerai; d'abord, parce que nous l'aurons fait ensemble, et puis, parce qu'il me plaît. » Jamais sa pensée n'avait été si haute. Le soir, nous nous promenions sur notre terrasse, à la clarté des étoiles ; là elle me faisait ses réflexions, pleines de tact et de profondeur, dont plusieurs ont été pour moi de vraies révélations. Sa joie était complète, et ce furent là sans doute les plus doux moments de sa vie. Notre communion intellectuelle et morale n'avait jamais été à un tel degré d'intimité. Elle me dit plusieurs fois que ces jours étaient son paradis. Un sentiment de douce tristesse s'y mêlait. Ses douleurs n'étaient qu'assoupies, elles se réveillaient par moments, comme un avertissement fatal. Elle se plaignait alors que le sort fût pour elle si avare et lui reprît les seules heures de joie parfaite qu'il lui eût concédées.

Dans les premiers jours de septembre, le séjour de Ghazir me devint fort incommode, par suite des nécessités de la mission qui exigeaient ma présence à Beyrouth. Nous dîmes adieu, non sans larmes, à notre maison de Ghazir, et nous parcourûmes une dernière fois cette belle route du fleuve du Chien, qui depuis un an nous avait été si familière. Quoique la chaleur fût très forte, nous passâmes encore à Beyrouth quelques bons moments. Les journées étaient accablantes, mais les nuits étaient délicieuses, et, chaque soir la vue du Sannin, revêtu par le soleil couchant d'une atmosphère olympienne, était une fête pour les yeux. Les opérations de transport étaient presque achevées ; il ne me restait plus à faire que le voyage de Chypre. Nous commencions à parler de retour ; nous rêvions déjà de doux et pâles soleils, la fraîche et moite impression des automnes du Nord, ces vertes prairies des bords de l'Oise qu'à pareille époque, deux ans auparavant, nous avions traversées. Elle revenait avec complaisance sur la joie d'embrasser le petit Ary et notre vieille mère. Elle avait des espèces de retours mélancoliques, où tous ses souvenirs de famille se croisaient ; à ces moments, elle me parlait de notre père, de son âme bonne et profonde, tendre et douce. Je ne l'ai jamais vue plus attrayante, plus élevée.

Le dimanche, 15 septembre, l'amiral Le Barbier de Tinan me fit prévenir que le *Caton* pouvait consacrer huit jours à de nouveaux efforts pour l'extraction de deux grands sarcophages de Gébeil, dont l'enlèvement avait d'abord été jugé impossible. Ma présence à Gébeil, durant ces huit jours, n'était pas nécessaire ; il eût suffi que je me fusse embarqué sur le *Caton* pour fournir quelques indications, sauf à revenir ensuite par terre à Beyrouth. Mais je savais que ces sortes de séparations lui déplaisaient. Comme elle aimait d'ailleurs beaucoup le séjour d'Amschit, je conçus un autre plan : partir tous deux par le *Caton*, aller passer les huit jours à Amschit et revenir par le *Caton*. Nous partîmes en effet le lundi. Depuis la veille, elle était légèrement indisposée ; mais la traversée lui fit du bien. Elle jouit beaucoup de la vue du Liban dans toute la splendeur de l'été, et pendant que j'allais, avec le commandant, régler ce qui concernait l'enlèvement des sarcophages, elle se reposa fort doucement à bord. Le soir, quand le soleil fut tombé, nous montâmes à Amschit. Nos bons amis, qui croyaient ne plus nous revoir, nous reçurent à bras ouverts. Elle était très contente. Après le dîner, nous passâmes une partie de la nuit sur la terrasse de la maison de Zakhia. Le ciel était admirable ; je lui rappelai ce passage du livre de Job où le vieux patriarche se vante, comme d'un rare mérite, de n'avoir jamais porté la main à sa bouche en signe d'adoration, quand il voyait l'armée des étoiles dans sa splendeur et la lune s'avancer avec majesté. Tout l'esprit des cultes antiques de la Syrie semblait ressusciter devant nous. Byblos était à nos pieds ; vers le sud, dans la région sacrée du Liban, se dessinaient les dentelures bizarres des rochers et des forêts du Djébel-Mousa, où la légende plaçait la mort d'Adonis ; la mer, se courbant au nord vers Botrys, semblait nous entourer de deux côtés. Ce jour fut le dernier jour pleinement heureux de ma vie ; désormais, toute joie me reportera vers le passé et me rappellera celle qui n'est plus là pour la partager.

Le mardi, elle fut moins bien. Cependant je n'étais pas encore inquiet ; cette indisposition ne semblait rien auprès de celles que je lui avais vu endurer. Je m'étais remis avec passion à ma *Vie de Jésus ;* nous travaillâmes toute la journée, et le soir elle fut encore gaie sur la terrasse. Le mercredi, le mal augmenta. Je pris alors le parti de prier le chirurgien du *Caton* de venir la voir. Il ne me laissa concevoir aucune inquiétude. Le jeudi, elle fut dans le même état. Mais ce qui nous rendit ce jour funeste, c'est que je fus frappé à mon tour. J'étais parvenu à la fin de ma mission sans maladie grave. Par une fatalité dont le souvenir me poursuivra toute ma vie comme un cauchemar, le seul moment où j'allais me manquer à moi-même était celui où j'aurais eu à veiller sur son agonie.

J'eus besoin, le jeudi matin, de descendre à la rade de Gébeil pour conférer avec le commandant. En remontant à Amschit, je sentis que le soleil, répercuté par les rochers brûlants qui forment la colline, me saisissait. L'après-midi, j'eus un violent accès de fièvre, accompagné de fortes douleurs névralgiques. C'était au fond le même mal que celui qui tuait ma pauvre sœur. Le médecin du *Caton*, tout habile qu'il était, ne sut pas le reconnaître. Ces fièvres pernicieuses se présentent en Syrie avec des caractères que les médecins qui ont résidé dans le pays peuvent seuls discerner. Le sulfate de quinine donné à très haute dose nous eût peut-être à cette heure sauvés tous les deux. Le soir, je sentis ma tête s'échapper. J'en fis part au médecin, qui, complètement aveuglé sur la nature de notre mal, n'y attacha pas d'importance et nous quitta. J'eus alors en une vision terrible l'appréhension de ce qui trois jours après allait devenir une affreuse réalité. J'entrevis avec frisson les dangers que nous courions si nous tombions, seuls, sans connaissance, entre les mains de bonnes gens, dénués de toutes lumières, dominés par les idées les plus folles en fait de médecine. Je dis adieu à la vie avec un sentiment plein d'angoisses. La perte de mes papiers, et en particulier de ma *Vie de Jésus*, m'apparut comme certaine. Notre nuit fut affreuse; il semble cependant que celle de ma pauvre sœur fut moins mauvaise que la mienne, car je me rappelle que le lendemain matin elle eut encore la force de me dire : « Toute ta nuit n'a été qu'un gémissement. »

Les journées du vendredi, du samedi et du dimanche flottent pour moi comme les branches éparses d'un rêve pénible. L'accès qui faillit m'enlever le lundi suivant eut une sorte d'effet rétroactif et effaça presque totalement la mémoire des trois jours qui précédèrent. Un sort funeste voulut que le médecin nous vît à des moments de rémission et ne pût pas prévoir la crise qui se préparait. Je travaillais encore, mais j'avais conscience que je travaillais mal. J'en étais dans le récit de la Passion à l'épisode de la Cène. En relisant plus tard ces lignes, j'y trouvai un trouble étrange. Ma pensée roulait dans une sorte de cercle sans issue, et battait comme le bras d'une machine détraquée. Diverses autres particularités me sont restées en mémoire. J'écrivis aux sœurs de la charité de Beyrouth pour leur demander du vin de quinquina, qu'elles seules savaient faire en Syrie ; mais je sentais moi-même l'incohérence de ma lettre. Il ne semble pas que nous eussions ni l'un ni l'autre un sentiment bien précis de la gravité de notre mal. Je décidai que nous partirions pour la France le jeudi suivant : « Oui, oui, partons, dit-elle avec une pleine confiance. — Oh ! malheureuse, dit-elle à un autre moment, je vois que je suis destinée à souffrir beaucoup. » Un de ces deux jours, vers le moment du soleil couchant, elle put encore aller d'une chambre à l'autre. Elle s'étendit sur le canapé du salon où je couchais et travaillais d'ordinaire. Les volets étaient ouverts, nos yeux tournés vers le Djébel-Mousa. Elle eut à ce moment un pressentiment de sa fin, mais non pas d'une fin si prochaine. Ses yeux se mouillèrent de larmes; sa figure, exténuée de souffrances, reprit un peu de couleur, et elle jeta avec moi sur sa vie passée un regard triste et doux. « Je ferai mon testament, dit-elle, tu seras mon légataire; je laisse peu de chose, quelque chose cependant; de mes épargnes je veux que tu fasses un caveau de famille; il faut nous rapprocher, que nous soyons près les uns des autres. La petite Ernestine doit revenir avec nous. » Puis elle fit un calcul dans son esprit, marqua du doigt la disposition intérieure et sembla vouloir douze places. Elle me parla en pleurant du petit Ary, de notre vieille mère. Elle m'indiqua ce que je devais donner à sa nièce; elle chercha quelque chose qui pût plaire à Cornélie, et elle pensa à un petit livre italien (les *Fioretti* de S. François), que M. Berthelot lui avait donné. « Je t'ai beaucoup aimé, me dit-elle ensuite ; quelquefois mon affection t'a fait souffrir ; j'ai été injuste, exclusive ; mais c'est que je t'ai aimé comme on n'aime plus, comme on ne doit peut-être pas aimer. » Je fondais en larmes ; je lui parlai du retour ; je la ramenais au petit Ary, sachant que cela l'émouvait doucement. Elle abondait dans ce sens, et s'attachait aux circonstances qui la touchaient le plus. Elle rappela encore le souvenir si cher de notre père. Cet éclair fut le dernier pour nous deux. Nous étions dans l'intervalle de deux accès de fièvre pernicieuse ; l'accès final n'était plus qu'à quelques heures. En dehors des moments où venait le médecin, nous étions seuls, entre les mains de nos domestiques arabes et des gens du village, toutes les autres personnes de la mission étant parties ou occupées ailleurs.

Je n'ai que peu de souvenirs distincts de la

journée fatale du dimanche, ou pour mieux
dire, il a fallu que d'autres aient fait revivre
ces traces pour moi d'abord totalement obli-
térées. Je continuai d'agir durant tout ce jour,
mais comme un automate gardant l'impulsion
qu'il a reçue. Je me rappelle encore distincte-
ment le sentiment que j'éprouvai en voyant
les paysans aller à messe; d'ordinaire, à ce
moment, quand on savait que nous y allions,
on se réunissait pour nous faire fête. Le médecin vint le matin. Il fut décidé que le lendemain, avant le jour, on enverrait des mate-
lots avec un cadre pour prendre ma sœur, et
que le *Caton* nous ramènerait immédiate-
ment à Beyrouth. Vers midi, je dus travailler
encore, dans la chambre de ma pauvre amie,
car on m'a dit que c'est là qu'on trouva mes
livres et mes notes éparses à terre sur la
natte où j'avais coutume de m'asseoir. Dans
l'après-midi, ma sœur se trouva beaucoup

plus mal. J'écrivis au médecin de venir en toute hâte, lui parlant d'accidents du côté du cœur. Je n'ai aucun souvenir d'avoir écrit cette lettre et quand on me la représenta plusieurs jours après, elle ne réveilla rien en moi. Je vivais cependant encore, car Antoun, notre domestique, m'a dit que je fis transporter ma sœur dans le salon qui me servait de chambre, que je l'aidai à la porter et que je restai longtemps près d'elle. Peut-être à ce moment nous dîmes-nous adieu, et m'adressa-t-elle des paroles sacrées, que le terrible coup d'éponge qui allait passer sur mon cerveau aura effacées. Antoun m'assura qu'elle n'eut à aucun moment conscience de la mort; mais il était si peu intelligent et savait si peu de français qu'il aura pu ne pas voir ce que nous nous serons dit l'un à l'autre.

Le médecin arriva vers six heures, accompagné du commandant. Tous les deux pensèrent qu'il ne fallait pas songer à transporter ma sœur le lendemain à Beyrouth. Par une coïncidence étrange, l'accès me prit pendant qu'ils étaient avec nous ; je perdis connaissance entre les bras du commandant. Ces deux personnes, pleines de droiture et de jugement, mais jusque-là trompées sur la gravité de notre état, tinrent conseil. Le médecin, se reconnaissant loyalement incapable de soigner un mal dont la marche lui échappait, demanda au commandant de revenir à Beyrouth pour en repartir aussitôt avec de nouveaux secours. Le commandant adopta cet avis. Tenant trop de compte seulement des formalités de la pratique turque, à laquelle les autres marines, même en l'absence de motifs graves, ne se soumettent pas, il ne partit que le lundi à quatre heures du matin. A six heures, il était à Beyrouth, prévint l'amiral Pâris, qui, avec sa rare courtoisie, lui ordonna de repartir après qu'il aurait pris le docteur Louvel, de l'*Algésiras*, médecin en chef de l'escadre, et le docteur Suquet, médecin sanitaire français à Beyrouth, reconnu de tout le monde pour celui des médecins français qui a étudié le plus profondément les maladies de la Syrie.

A dix heures et demie, tous ces messieurs étaient à Amschit. Presque en même temps, le docteur Gaillardot y arrivait de son côté par terre. Depuis la veille au soir, nous étions étendus tous les deux sans connaissance, vis-à-vis l'un de l'autre, dans le grand salon de Zakhia, soignés uniquement par Antoun. La bonne famille Zakhia était rangée autour de nous, pleurant et nous défendant contre le curé, espèce de fou qui avait la prétention de nous soigner. On m'a assuré que ma sœur ne donna absolument aucun signe de connaissance pendant tout ce temps. Le docteur

Suquet, auquel on laissa naturellement la direction des soins à nous donner, reconnut bientôt, hélas ! qu'il était trop tard pour elle. Toute tentative pour provoquer une réaction fut inutile. Le sulfate de quinine, qui, administré à haute dose, est le remède suprême de ces crises terribles, ne put être absorbé. Oh ! se peut-il que quelques heures plus tôt ces soins nouveaux l'eussent sauvée ! Une pensée cruelle du moins me poursuivra toujours. C'est que si nous fussions restés à Beyrouth, la crise n'eût pas sans doute été évitée, mais que, selon toutes les probabilités, le docteur Suquet, appelé à temps, aurait su en triompher.

Toute la journée du lundi, ma noble et tendre amie alla s'éteignant. Elle expira le mardi 24 septembre, à trois heures du matin. Le curé maronite, appelé au dernier moment, lui fit les onctions selon son rit. Il ne manqua pas près de son cadavre de larmes sincères ; mais, ô Dieu ! qui m'eût dit qu'un jour mon Henriette expirerait à deux pas de moi sans que je pusse recueillir son dernier soupir ! Oui, sans le fatal évanouissement qui me prit le dimanche soir, je crois que mes baisers, le son de ma voix, eussent retenu son âme quelques heures encore, assez, peut-être, pour attendre le salut. Je ne puis me persuader que la perte de la conscience fût chez elle si profonde que je ne l'eusse vaincue ! Deux ou trois fois, dans les rêves de la fièvre, je me suis posé un doute atroce : j'ai cru l'entendre m'appeler du caveau où son corps fut déposé ! La présence de médecins français au moment de sa mort écarte sans doute cette horrible supposition. Mais qu'elle ait été soignée par d'autres que par moi, que des mains serviles l'aient touchée, que je n'aie pas conduit ses funérailles et attesté à la terre, par mes larmes, qu'elle fut ma sœur bien-aimée ; qu'elle n'ait pas vu mon visage, si un moment son œil s'est éclairci encore pour le monde qu'elle allait quitter, voilà ce qui pèsera éternellement sur moi et empoisonnera toutes mes joies. Si elle s'est vue mourir sans moi près d'elle, si elle a su que j'étais à l'agonie à ses côtés sans qu'elle ait pu venir me soigner, oh ! c'est l'enfer au cœur que cette créature céleste a dû expirer. La conscience est chose si différente et de ses apparences et du souvenir qui en reste, qu'à cet égard j'ai peine parfois à être entièrement rassuré.

Moins épuisé que ma sœur, je supportai la dose énorme de sulfate de quinine qui me fut administrée. Je repris quelque sentiment le mardi matin, une heure à peu près avant celle où ma bien-aimée expirait. Ce qui prouve que dans la journée du dimanche et même pendant mon délire j'eus bien plus de conscience que ne l'attestent mes souvenirs, c'est que ma première question fut pour demander comment allait ma sœur. « Elle est très mal », me répondit-on. Je répétais sans cesse la même question dans le demi-sommeil où j'étais. « Elle est morte », me répondit-on enfin. Chercher à me tromper était inutile, car on se disposait à m'enlever pour me porter à Beyrouth. Je suppliai qu'on me la laissât voir; on me le refusa absolument. On me mit sur le cadre même qui avait dû servir à la transporter. J'étais dans un état de complet étourdissement ; l'affreux malheur qui venait de me frapper ne se distinguait pas pour moi des hallucinations de la fièvre. Une soif horrible me dévorait. Un rêve brûlant me reportait sans cesse avec elle à Aphaca, aux sources du fleuve Adonis, sous les noyers gigantesques qui sont au-dessous de la cascade. Elle était assise près de moi, sur l'herbe fraîche ; je portais à ses lèvres mourantes une timbale pleine d'eau glacée ; nous nous plongions tous deux dans ces sources de vie, en pleurant et avec un sentiment de mélancolie pénétrante. Ce n'est que deux jours après que je repris une pleine conscience et que mon malheur se présenta à moi comme une effroyable vérité.

M. Gaillardot resta à Amschit après notre départ pour veiller aux funérailles de ma pauvre amie. La population du village, à laquelle elle avait inspiré beaucoup d'attachement, suivit son cercueil. Les moyens d'embaumement manquaient tout à fait ; il fallut songer à un dépôt provisoire. Zakhia offrit pour cela le caveau de Mikhaël Tobia, situé à l'extrémité du village, près d'une jolie chapelle et à l'ombre de beaux palmiers. Il demanda seulement que, quand on l'enlèverait, une inscription indiquât qu'une Française avait reposé en ce lieu. C'est là qu'elle est encore. J'hésite à la tirer de ces belles montagnes où elle a passé de si doux moments, du milieu de ces bonnes gens qu'elle aimait, pour la déposer dans nos tristes cimetières, qui lui faisaient horreur. Sans doute je veux qu'elle soit un jour près de moi. Mais qui peut dire en quel coin du monde il reposera? Qu'elle m'attende donc sous les palmiers d'Amschit, sur la terre des mystères antiques, près de la sainte Byblos !

Nous ignorons les rapports des grandes âmes avec l'infini ; mais si, comme tout porte à le croire, la conscience n'est qu'une communion passagère avec l'univers, communion qui nous fait entrer plus ou moins avant dans le sein de Dieu, n'est-ce pas pour les âmes comme celle-ci que l'immortalité est faite? Si l'homme a le pouvoir de sculpter, d'après un modèle divin qu'il ne choisit pas, une grande personnalité morale, composée en parties égales et de lui et de l'idéal, ce qui vit avec une pleine réalité, assurément c'est cela. Ce n'est pas la matière qui est, puisqu'elle n'est pas une; ce n'est pas l'atome qui est, puisqu'il est inconscient. C'est l'âme qui est, quand elle a vraiment marqué sa trace dans l'histoire éternelle du vrai et du bien. Qui, mieux que mon amie, accomplit cette haute destinée? Enlevée au moment où elle atteignait la pleine maturité de sa nature, elle n'eût jamais été plus parfaite. Elle était parvenue au sommet de la vie vertueuse; ses vues sur l'univers ne seraient pas allées plus loin; la mesure du dévouement et de la tendresse pour elle était comble.

Ah! ce qu'elle eût dû être, sans contredit, c'est plus heureuse. Je rêvais pour elle de petites et douces récompenses; je concevais mille chimères selon ses goûts. Je la voyais vieille, respectée comme une mère, fière de moi, reposant enfin dans une paix sans mélange. Je voulais que ce bon et noble cœur, qui saigna toujours de tendresse, connût enfin une sorte de retour calme, je suis tenté de dire égoïste. Dieu n'a voulu pour elle que les grands et âpres sentiers. Elle est morte presque sans récompense. L'heure où l'on recueille ce que l'on a semé, où l'on s'assied pour se souvenir des fatigues et des douleurs passées, ne sonna pas pour elle.

La récompense, à vrai dire, elle n'y pensa jamais. Cette vue intéressée, qui gâte souvent les dévouements inspirés par les religions positives, en faisant croire qu'on ne pratique la vertu que pour l'usure qu'on en tire, n'entra jamais dans sa grande âme. Quand elle perdit sa foi religieuse, sa foi au devoir ne diminua pas, parce que cette foi était l'écho de sa noblesse intérieure. La vertu n'était pas chez elle le fruit d'une théorie, mais le résultat d'un pli absolu de nature. Elle fit le bien pour le bien, et non pour son salut. Elle aima le beau et le vrai sans rien de ce calcul qui semble dire à Dieu : « N'étaient ton enfer ou ton paradis, je ne t'aimerais pas. »

Mais Dieu ne laisse pas ses saints voir la corruption. O cœur où veilla sans cesse une si douce flamme d'amour ; cerveau, siège d'une pensée si pure ; yeux charmants où la bonté rayonnait ; longue et délicate main que j'ai pressée tant de fois, je frissonne d'horreur quand je songe que vous êtes en poussière. Mais tout n'est ici-bas que symbole et qu'image. La partie vraiment éternelle de chacun, c'est le rapport qu'il a eu avec l'infini. C'est dans le souvenir de Dieu que l'homme est immortel. C'est là que notre Henriette, à jamais radieuse, à jamais impeccable, vit mille fois plus réellement qu'au temps où elle luttait de ses organes débiles pour créer sa personne spirituelle, et que, perdue au sein d'un monde qui ne savait pas la comprendre, elle cherchait obstinément le parfait. Que son souvenir nous reste comme un précieux argument de ces vérités éternelles que chaque vie vertueuse contribue à démontrer. Pour moi, je n'ai jamais douté de la réalité de l'ordre moral ; mais je vois maintenant avec évidence que toute la logique du système de l'univers serait renversée, si de telles vies n'étaient que duperie et illusion.

ACHEVÉ D'IMPRIMER
LE VINGT DÉCEMBRE MIL NEUF CENT VINGT-DEUX
SUR LES PRESSES
DE L'IMPRIMERIE CH. HÉRISSEY
D'ÉVREUX

www.ingramcontent.com/pod-product-compliance
Lightning Source LLC
Chambersburg PA
CBHW070304100426
42743CB00011B/2346